生き甲斐

CONCEPTOS JAPONESES DE BIENESTAR Y PRODUCTIVIDAD

Ikigai,
Kaizen,
Pomodoro,
Hara Hachi Bu
Shoshin
Wabi-Sabi

EROX TERMIDOR

生き甲斐
CONCEPTOS JAPONESES DE BIE-NESTAR Y PRODUCTIVIDAD
Ikigai,
Kaizen,
Pomodoro,
Hara Hachi Bu
Shoshin
Wabi-Sabi

EROX TERMIDOR

Intelligent Editions ER

Copyright ©

Contacts: LethermidorCaracas@gmail.com
Instagram: @Enriquerodriguezfc

ISBN: 9798308038894

Cover: LeThermidor Design Studio*
Design and layout: LeThermidor Design Studio*
Bibliography: Quotes from various sources and experts were used. Efforts have been made to respect and adhere to citation standards by promptly citing the authors.

Enjoy 30% discount

Enjoy 30% discount on your next Ediciones ER purchase.
Send an email to librosdeerox@gmail.com with this code D5760 and the book desired to receive your discount and purchase instructions.

DISCOVER OUR EDITORIAL FOLDER with more than 120 books
AREAS OF INTEREST>
COOKING
MUSIC
ESSAYS & HISTORY
PHILOSOPHY
ORIGINAL NOVELS AND STORIES
CLASSIC NOVELS
CHILDREN'S LITERATURE
CHILDREN'S COLORING STORYBOOKS
PARENTING TOPICS FOR CHILDREN
SELF-HELP
10 MINUTE GUIDES
BLANK BOOKS FOR APATHETIC READERS
POETRY

*****PLEASE DON'T BE SHY COME TO AMAZON AND RATE OUR BOOKS *****

Contenido

INTRODUCCIÓN 10
    FUNDAMENTOS DEL BIENESTAR JAPONÉS 12
    BASES DEL PENSAMIENTO JAPONÉS 14
    INTEGRACIÓN EN LA VIDA MODERNA 15

1 17
生き甲斐 17
  IKIGAI - EL PROPÓSITO DE VIDA 17

生き甲斐 18
    COMPONENTES 18

生き甲斐 19
    ORIGENES 19

生き甲斐 20
    INTERSECCIONES CRITICAS 20

生き甲斐 21
    DESCUBRIENDO TU IKIGAI 21
    Proceso de Identificación: 21

生き甲斐 22
    IMPLEMENTACIÓN DEL IKIGAI 22
    Pasos para Integrar el Ikigai: 22

生き甲斐 23
    MANTENIENDO Y EVOLUCIONANDO TU IKIGAI 23
    Estrategias de Sostenibilidad: 23

改善 25
  KAIZEN - MEJORA CONTINUA 25

改善 26
    ORIGENES 26

  改善 27
    FUNDAMENTOS DE KAIZEN 27

改善
IMPLEMENTANDO KAIZEN EN LA VIDA DIARIA ... 28
改善
KAIZEN EN DISTINTOS ÁMBITOS ... 29
改善
SUPERANDO OBSTÁCULOS EN KAIZEN ... 30

3 ... 33
ポモドーロ・テクニック ... 33
TÉCNICA POMODORO ... 33
ポモドーロ・テクニック ... 34
FUNDAMENTOS ... 34
ポモドーロ・テクニック **IMPLEMENTACIÓN EFECTIVA DEL POMODORO** ... 35
ポモドーロ・テクニック **OPTIMIZACIÓN Y ADAPTACIÓN** ... 36
ポモドーロ・テクニック **CONEXIÓN** ... 37

4 ... 39
腹八分目 ... 39
HARA HACHI BU - NUTRICIÓN CONSCIENTE Come hasta que estes 80% full ... 39
腹八分目
ORIGEN ... 40
腹八分目 PRINCIPIOS FUNDAMENTALES ... 41
腹八分目 IMPLEMENTACIÓN DEL HARA HACHI BU ... 42
腹八分目 BENEFICIOS Y ADAPTACIÓN CULTURAL ... 43
SHOSHIN - LA MENTE DEL PRINCIPIANTE ... 45
ESENCIA ... 46
SHOSHINSHA EN LA PRACTICA ... 47
CULTIVANDO SHOSHIN EN LA VIDA DIARIA ... 48
APLICACIONES PRÁCTICAS DEL SHOSHIN ... 49
WABI-SABI: LA BELLEZA DE LA IMPERFECCIÓN ... 51

FUNDAMENTOS 52
INTEGRANDO WABI-SABI EN LA VIDA..53
WABI-SABI EN LA ERA MODERNA 54

A MIS HIJOS

Y AL BUDDY GOLI
2025/ENE

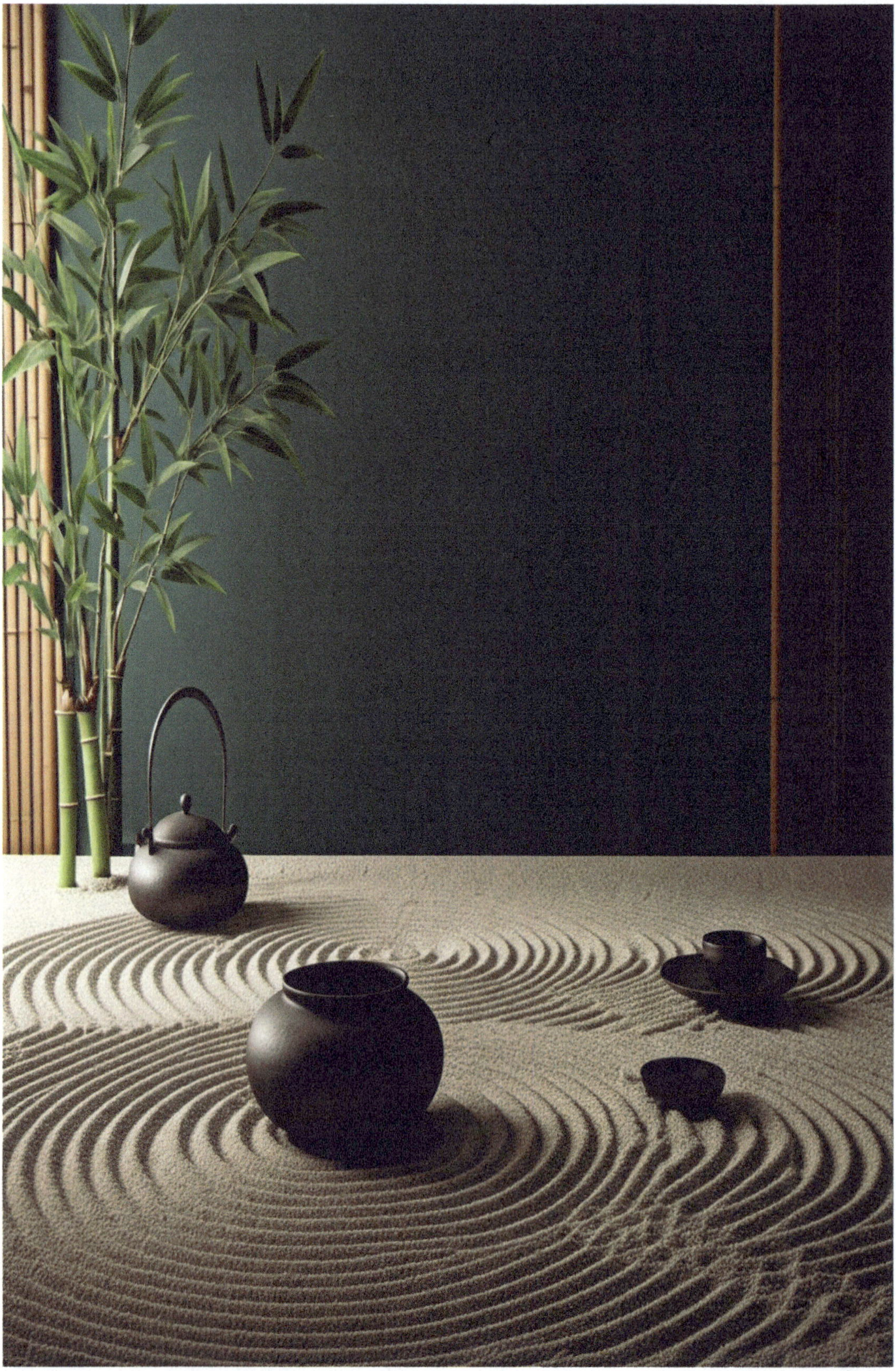

INTRODUCCIÓN

La sabiduría japonesa ha proporcionado al mundo conceptos fundamentales que transforman nuestra aproximación al bienestar y la productividad. Esta guía explora cinco conceptos esenciales que, cuando se comprenden y aplican adecuadamente, pueden revolucionar nuestra vida cotidiana.

En las siguientes páginas, descubriremos cómo estos principios milenarios se entrelazan con las necesidades contemporáneas, ofreciendo soluciones prácticas para los desafíos modernos. Cada concepto será analizado desde sus raíces históricas hasta sus aplicaciones prácticas actuales.

Esta guía está diseñada para ser tanto informativa como práctica, permitiendo al lector no solo comprender estos conceptos en profundidad, sino también implementarlos de manera efectiva en su vida diaria.

FUNDAMENTOS DEL BIENESTAR JAPONÉS

La cosmovisión japonesa del bienestar se fundamenta en una rica tradición cultural que equilibra lo físico, mental y espiritual. Esta perspectiva holística ha evolucionado durante siglos, incorporando elementos del budismo zen, el sintoísmo y la filosofía oriental.

Principios Fundamentales:

Armonía (Wa - 和):
Balance entre el individuo y su entorno
Cohesión social y cooperación
Respeto por el orden natural

Simplicidad (Kanso - 簡素):
Eliminación de lo superfluo
Enfoque en lo esencial
Claridad mental y física

Mindfulness (Nen - 念):
Atención plena al momento presente
Consciencia en cada acción
Conexión mente-cuerpo

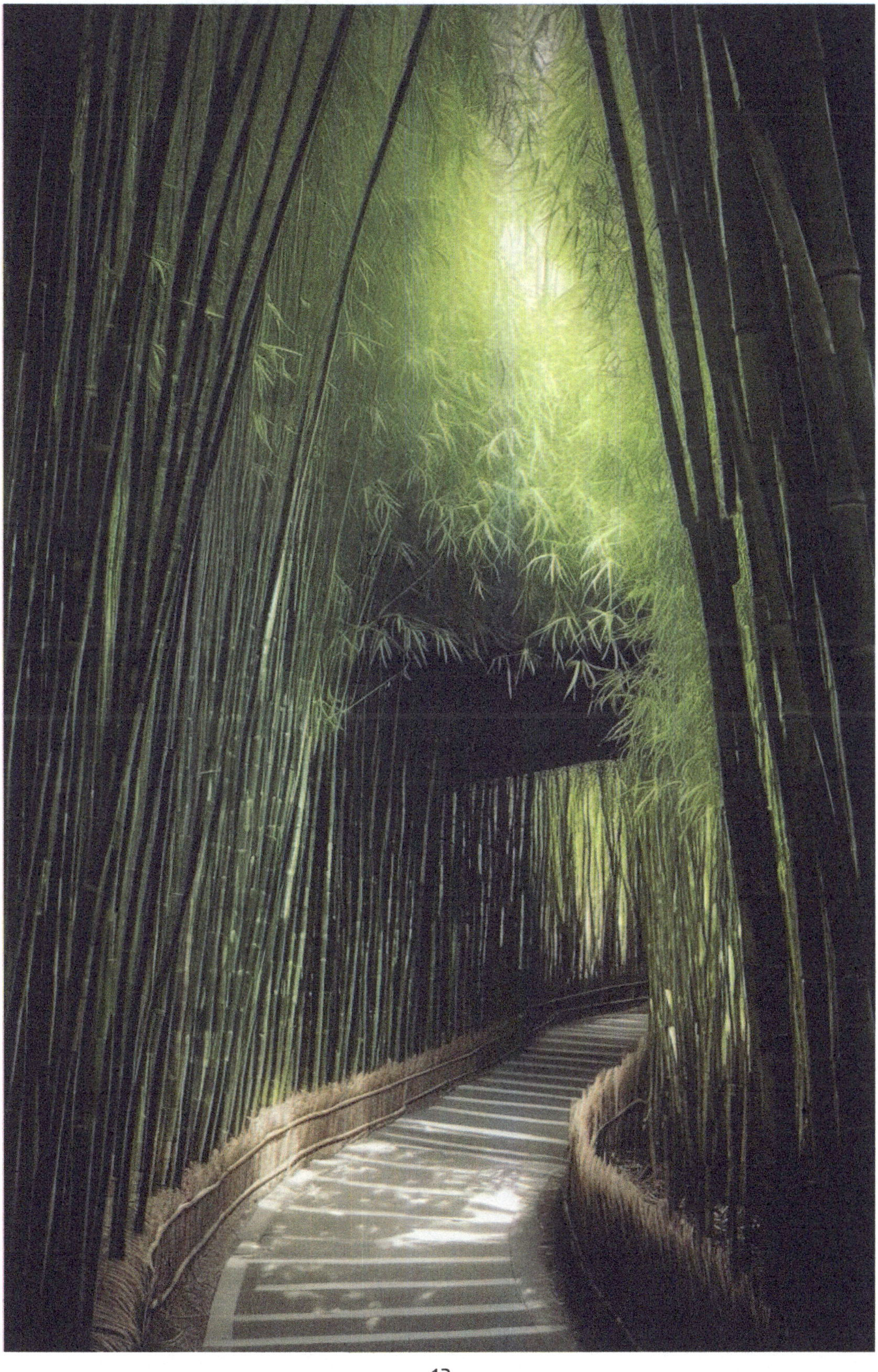

BASES DEL PENSAMIENTO JAPONÉS

La estructura del bienestar japonés se sustenta en varios pilares fundamentales que influyen en todos los conceptos que estudiaremos:

Disciplina Personal (Jiko Kanri - 自己管理):

Autocontrol y regulación

Compromiso con el crecimiento

Responsabilidad personal

Respeto (Keigo - 敬語):

Consideración por los demás

Humildad en el aprendizaje

Reconocimiento de la experiencia

Perseverancia (Gaman - 我慢):

Resistencia ante la adversidad

Paciencia en el proceso

Fortaleza emocional

INTEGRACIÓN EN LA VIDA MODERNA

La adaptación de estos principios tradicionales al contexto contemporáneo requiere:

Comprensión Contextual:

Interpretación adecuada de los conceptos
Adaptación cultural apropiada
Aplicación práctica realista

Beneficios Comprobados:

Reducción del estrés
Mayor satisfacción vital
Mejora en relaciones interpersonales
Incremento en productividad

Desafíos de Implementación:

Barreras culturales
Presiones del estilo de vida moderno
Necesidad de adaptación

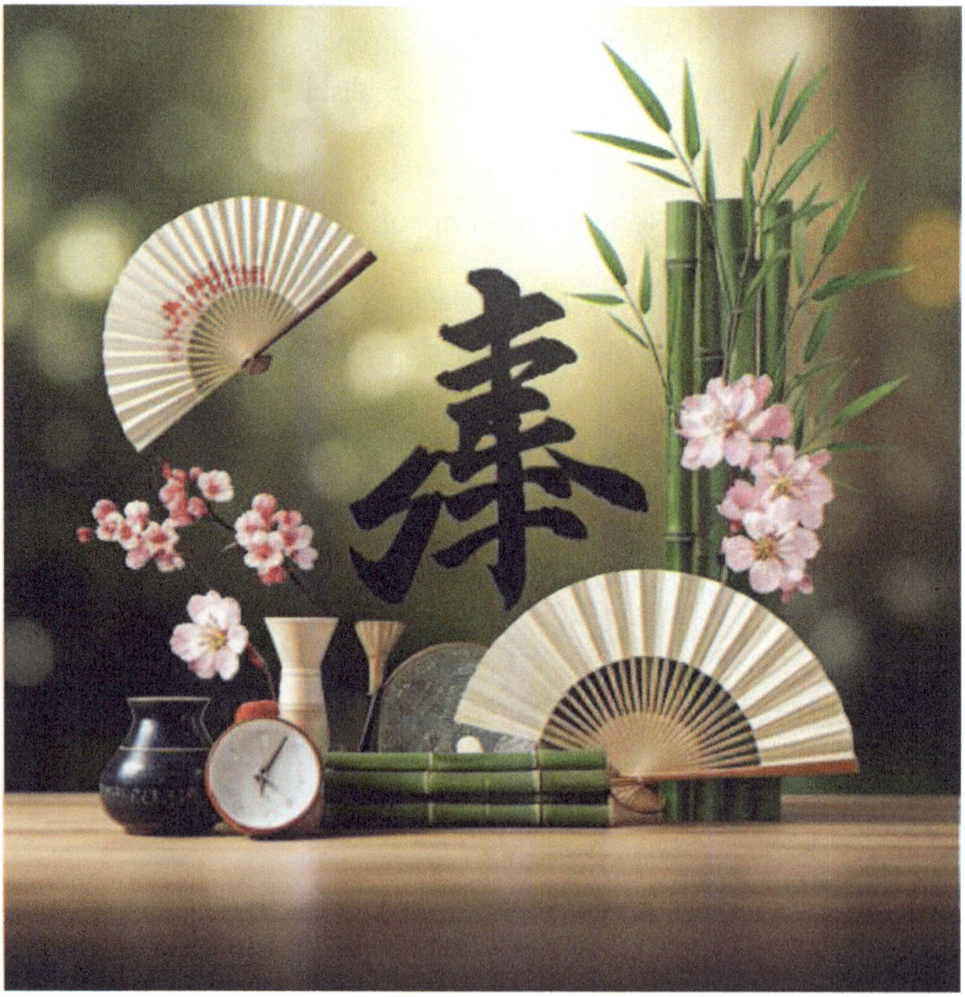

1

生き甲斐

IKIGAI - EL PROPÓSITO DE VIDA

El Ikigai (生き甲斐) implica la intersección vital entre pasión, misión, profesión y vocación. Este concepto milenario ofrece un marco para descubrir y desarrollar el propósito personal y la convergencia perfecta de cuatro dimensiones fundamentales de la vida, creando el "propósito de ser" o "razón de vivir".

生き甲斐
COMPONENTES

Lo que Amas (Pasión):
Actividades que te energizan
Intereses naturales
Fuentes de alegría personal
Estados de flow natural
Motivaciones intrínsecas

Lo que el Mundo Necesita (Misión):
Contribución social significativa
Solución de problemas relevantes
Impacto positivo en otros
Necesidades del mercado
Demandas sociales actuales

Lo que Haces Bien (Vocación):
Talentos naturales innatos
Habilidades desarrolladas
Experiencia acumulada
Competencias únicas
Fortalezas reconocidas

Por lo que Pueden Pagarte (Profesión):
Oportunidades de mercado
Viabilidad económica
Demanda profesional
Sostenibilidad financiera
Valor de mercado

生き甲斐
ORIGENES

Raíces en la cultura japonesa: El concepto de Ikigai tiene raíces profundas en la cultura japonesa, donde la longevidad y la calidad de vida son muy valoradas.

Enfoque en el presente: El Ikigai no se centra en objetivos a largo plazo o en logros futuros, sino en encontrar la alegría y el significado en el momento presente.

Conexión con la comunidad: El Ikigai también implica sentirse conectado con los demás y contribuir al bienestar de la comunidad.

生き甲斐
INTERSECCIONES CRITICAS

Pasión + Misión:
Sentido de propósito
Satisfacción personal
Impacto significativo

Misión + Profesión:
Trabajo sostenible
Valor social
Reconocimiento

Profesión + Vocación:
Excelencia profesional
Desarrollo de carrera
Maestría técnica

Vocación + Pasión:
Autorrealización
Desarrollo personal
Disfrute natural

生き甲斐
DESCUBRIENDO TU IKIGAI

Proceso de Identificación:

Autoexploración Sistemática:
Análisis detallado de intereses
Evaluación de habilidades
Reconocimiento de valores
Identificación de motivaciones profundas
Exploración de sueños y aspiraciones

Preguntas Fundamentales:
¿Qué actividades te hacen perder la noción del tiempo?
¿Qué problemas te apasiona resolver?
¿Qué habilidades otros reconocen en ti?
¿Qué necesidades sociales te conmueven?
¿Qué harías incluso sin recibir pago?
¿Dónde ves las mayores oportunidades de impacto?

Ejercicios Prácticos:
Diario de actividades y emociones
Mapeo de habilidades
Análisis de feedback externo
Evaluación de oportunidades
Experimentación práctica en diferentes áreas
Documentación de resultados y aprendizajes

生き甲斐

IMPLEMENTACIÓN DEL IKIGAI

Pasos para Integrar el Ikigai:

Fase de Exploración:
Experimentación con diferentes actividades
Desarrollo de nuevas habilidades
Exposición a diversas experiencias

Fase de Refinamiento:
Ajuste de actividades
Profundización en áreas prometedoras
Evaluación de resultados

Fase de Integración:
Alineación de actividades diarias
Desarrollo de rutinas significativas
Creación de metas alineadas

生き甲斐

MANTENIENDO Y EVOLUCIONANDO TU IKIGAI

Estrategias de Sostenibilidad:

Revisión Periódica:
Evaluación trimestral de satisfacción
Ajuste de objetivos y actividades
Actualización de habilidades

Equilibrio Dinámico:
Balance entre diferentes aspectos
Adaptación a cambios vitales
Flexibilidad en la implementación

Crecimiento Continuo:
Desarrollo de nuevas competencias
Expansión de horizontes
Profundización en áreas clave

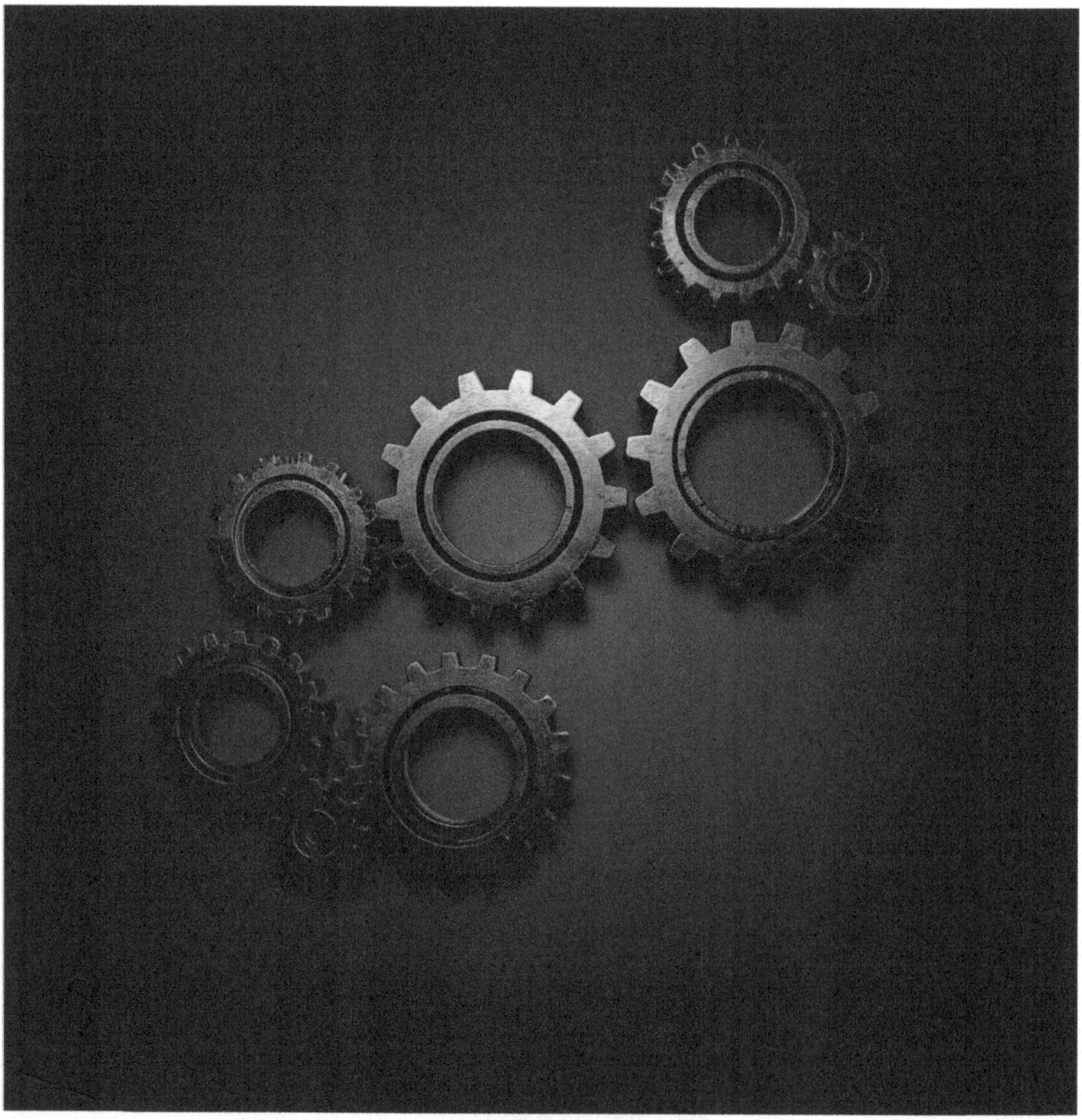

2

改善

KAIZEN - MEJORA CONTINUA

Kaizen es una filosofía japonesa que se traduce como "cambio para mejor" o "mejora continua". Se trata de un enfoque que busca la mejora constante y gradual en todos los aspectos de la vida, tanto en el ámbito personal como en el profesional. En lugar de grandes cambios drásticos, el Kaizen se centra en pequeñas mejoras realizadas de forma regular y consistente.

改善

ORIGENES

Raíces en Japón: El Kaizen surgió en Japón después de la Segunda Guerra Mundial como una estrategia para reconstruir el país y competir en el mercado global.

Filosofía de mejora continua: El Kaizen se basa en la idea de que todos los procesos pueden mejorarse y que cada persona tiene la capacidad de contribuir a esa mejora.

Énfasis en la acción: El Kaizen no se limita a la teoría, sino que promueve la acción y la implementación de cambios concretos.

Respeto por las personas: El Kaizen reconoce que las personas son el recurso más valioso de una organización y que su participación es fundamental para el éxito.

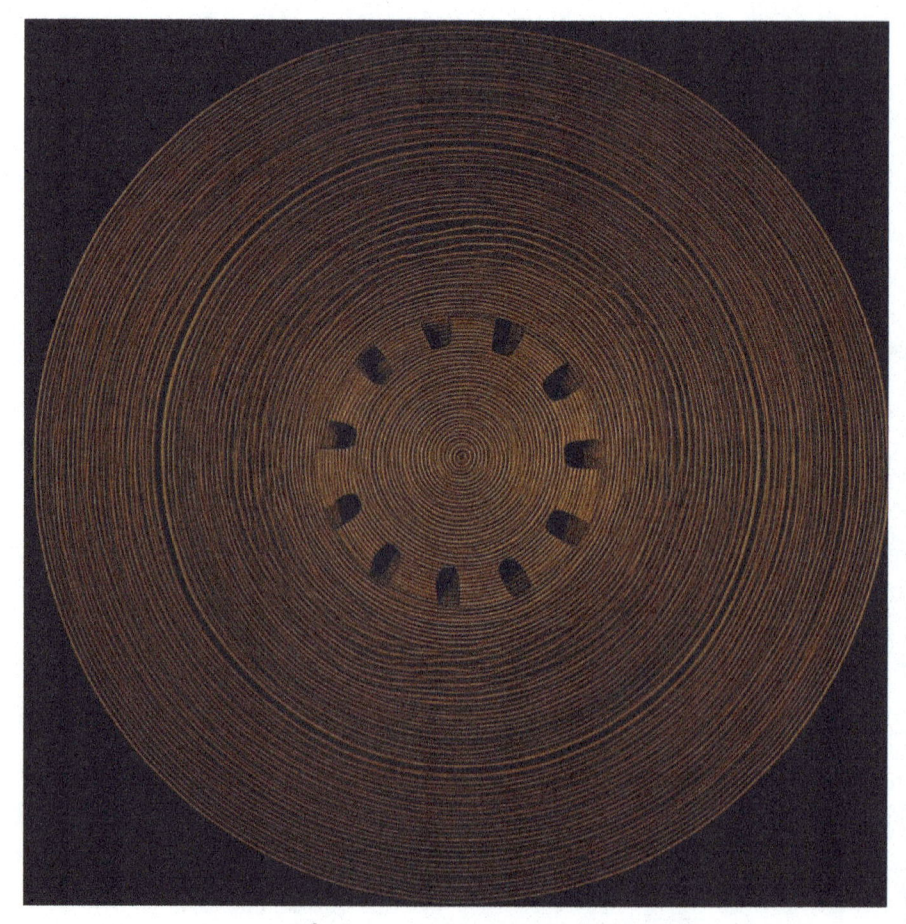

改善

FUNDAMENTOS DE KAIZEN

Pequeños cambios: En lugar de grandes proyectos, el Kaizen se enfoca en realizar pequeños cambios que, sumados, generan un gran impacto a largo plazo.

Participación de todos: El Kaizen implica la participación activa de todos los miembros de una organización, desde los directivos hasta los empleados de primera línea.

Eliminación de desperdicios: El Kaizen busca identificar y eliminar cualquier actividad que no agregue valor al producto o servicio final.

Estándares de calidad: El Kaizen establece estándares de calidad elevados y trabaja continuamente para superarlos.

Aprendizaje continuo: El Kaizen fomenta una cultura de aprendizaje continuo en la que se valoran las nuevas ideas y se buscan constantemente formas de mejorar.

Principios Básicos:
Mejoras pequeñas y constantes
Enfoque en procesos
Participación activa
Eliminación del desperdicio

Pilares del Kaizen:
Calidad en cada acción
Esfuerzo constante
Cambio para mejorar
Comunicación efectiva

Mentalidad Kaizen:
Reconocimiento de oportunidades
Actitud proactiva
Pensamiento crítico constructivo

改善
IMPLEMENTANDO KAIZEN EN LA VIDA DIARIA

El Kaizen puede aplicarse en cualquier ámbito, desde la industria manufacturera hasta los servicios, pasando por la educación y la vida personal. Algunos ejemplos de aplicación incluyen:

5S: Un método de organización del lugar de trabajo que busca mantener un entorno limpio, ordenado y seguro.

Diagramas de flujo: Herramientas visuales para analizar y mejorar procesos.

Control estadístico de procesos: Técnicas para monitorear y controlar la variabilidad de los procesos.

Kaizen Blitz: Eventos de mejora a corto plazo enfocados en resolver problemas específicos.

改善
KAIZEN EN DISTINTOS ÁMBITOS

Aplicaciones Específicas:

Kaizen Personal:
Desarrollo de hábitos saludables
Gestión del tiempo
Mejora de relaciones interpersonales
Crecimiento profesional

Kaizen Profesional:
Optimización de procesos laborales
Desarrollo de habilidades
Gestión de proyectos
Trabajo en equipo

Kaizen en el Hogar:
Organización doméstica
Rutinas familiares
Gestión financiera
Mantenimiento del espacio

改善
SUPERANDO OBSTÁCULOS EN KAIZEN

Estrategias de Éxito:

Identificación de Barreras:
Resistencia al cambio
Falta de consistencia
Objetivos poco claros
Expectativas irrealistas

Soluciones Prácticas:
Establecimiento de micro-metas
Creación de sistemas de apoyo
Seguimiento regular
Celebración de pequeños logros

Mantenimiento a Largo Plazo:
Desarrollo de rutinas sostenibles
Ajuste continuo de estrategias
Evaluación periódica
Renovación de compromisos

KAIZEN

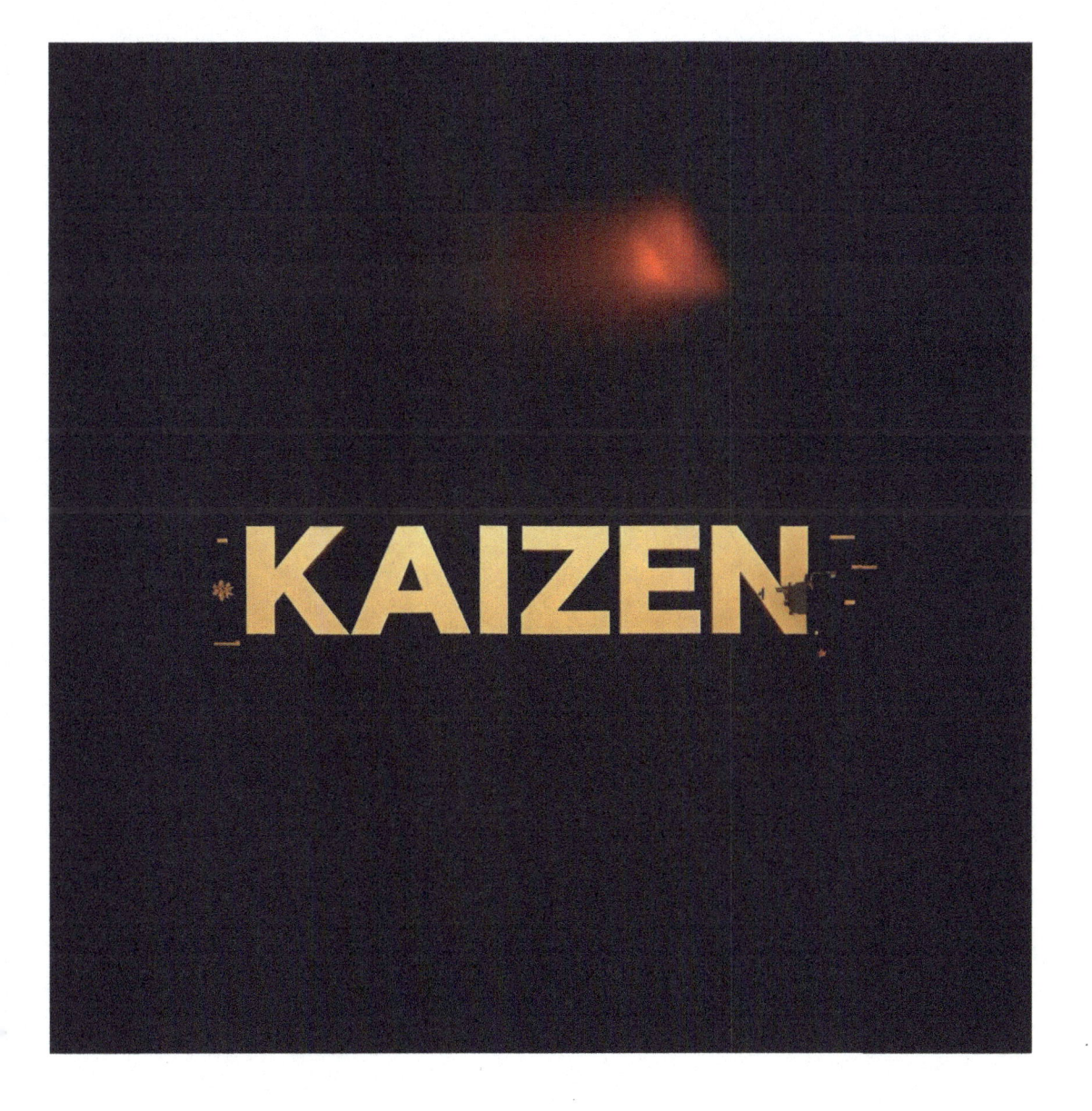

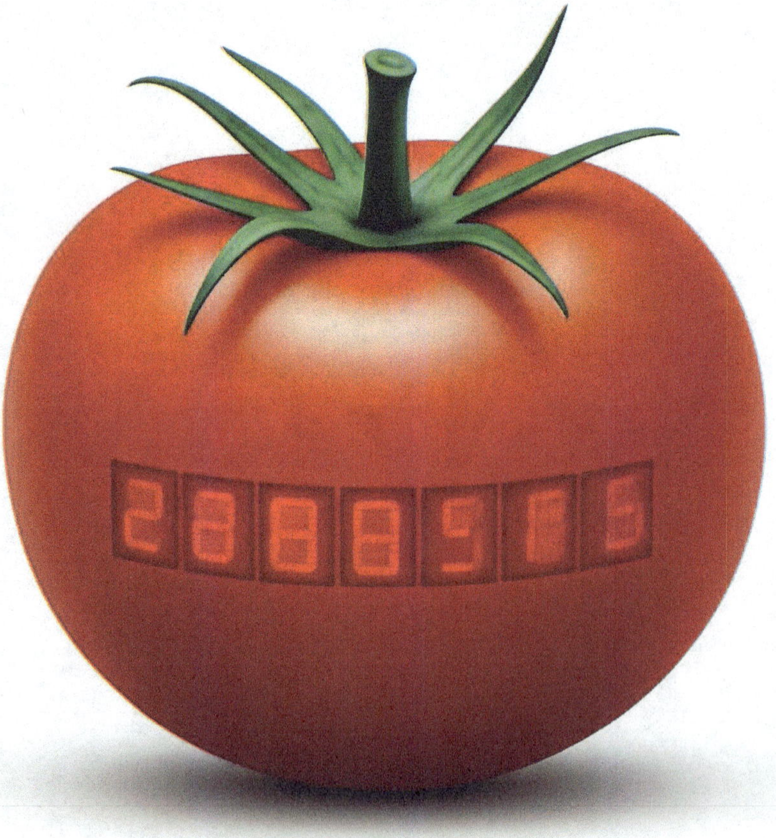

3

ポモドーロ・テクニック

TÉCNICA POMODORO

La técnica Pomodoro, aunque originaria de Italia, ha trascendido fronteras y se ha adaptado a diversas culturas, incluyendo la japonesa. La técnica Pomodoro es un método de gestión del tiempo que divide el trabajo en intervalos cortos, típicamente de 25 minutos, seguidos de breves descansos. Estos intervalos se conocen como "pomodoros". La idea es mejorar la concentración y la productividad al evitar la fatiga mental. En Japón, donde la eficiencia y la productividad son altamente valoradas, la técnica Pomodoro ha encontrado un terreno fértil

ポモドーロ・テクニック
FUNDAMENTOS

Principios Básicos:
Intervalos de trabajo de 25 minutos
Pausas cortas de 5 minutos
Pausas largas de 15-30 minutos
Ciclos de 4 pomodoros

Beneficios Comprobados:
Mejora de la concentración
Reducción de la fatiga mental
Incremento de la productividad
Control del tiempo efectivo

Preparación del Sistema:
Selección de herramientas
Organización del espacio
Eliminación de distracciones
Planificación de tareas

ポモドーロ・テクニック
IMPLEMENTACIÓN EFECTIVA DEL POMODORO

Pasos para el Éxito:

Preparación Inicial:
Lista de tareas prioritarias
Estimación de pomodoros necesarios
Configuración del temporizador
Organización del espacio de trabajo

Durante el Pomodoro:
Enfoque total en la tarea
Manejo de interrupciones
Registro de distracciones
Mantenimiento del momentum

Gestión de Pausas:
Actividades recomendadas
Ejercicios de estiramiento
Hidratación y movimiento
Descanso mental efectivo

ポモドーロ・テクニック
OPTIMIZACIÓN Y ADAPTACIÓN

Personalización y Mejoras:

Ajustes Individuales:
Duración de intervalos
Frecuencia de pausas
Número de ciclos
Actividades durante descansos

Integración con Otras Técnicas:
Combinación con GTD (Getting Things Done)
Uso de matrices de priorización
Incorporación de mindfulness
Sincronización con ciclos naturales

Solución de Problemas Comunes:
Manejo de interrupciones frecuentes
Ajuste a diferentes tipos de tareas
Adaptación a distintos entornos
Mantenimiento de la motivación

ポモドーロ・テクニック

CONEXIÓN

Conexión con el concepto de "kaizen": La técnica Pomodoro se alinea con el concepto japonés de "kaizen", que significa "mejora continua". Ambos enfoques buscan optimizar procesos y aumentar la eficiencia a través de pequeños cambios constantes.

Influencia en la educación: La técnica Pomodoro se ha popularizado en el ámbito educativo japonés, especialmente entre estudiantes que se preparan para exámenes rigurosos como el examen de ingreso a la universidad.

Adaptaciones culturales: Aunque el principio básico de la técnica se mantiene, algunas personas en Japón pueden adaptar los tiempos de los pomodoros o los descansos para que se ajusten mejor a su estilo de vida o a las costumbres locales.

¿Por qué funciona la Técnica Pomodoro en Japón?

Cultura de la eficiencia: Los japoneses valoran la eficiencia y la optimización del tiempo. La técnica Pomodoro se ajusta perfectamente a esta mentalidad.

Énfasis en la educación: La educación es muy valorada en Japón, y la técnica Pomodoro puede ayudar a los estudiantes a mejorar su rendimiento académico.

Conexión con otras prácticas: La técnica Pomodoro se puede combinar con otras prácticas japonesas como el mindfulness o el "kaizen" para potenciar sus beneficios.

En resumen, la técnica Pomodoro ha sido bien recibida en Japón debido a su enfoque en la productividad y su compatibilidad con los valores culturales japoneses. Al adaptarse a las necesidades y costumbres locales, esta técnica ha demostrado ser una herramienta eficaz para mejorar la concentración y el rendimiento tanto en el ámbito académico como profesional.

美食林唐

4

腹八分目

HARA HACHI BU - NUTRICIÓN CONSCIENTE
Come hasta que estes 80% full

Hara Hachi Bu es un proverbio japonés que literalmente significa "ocho partes del estómago". Se traduce como una recomendación de comer hasta sentirse satisfecho al 80% de su capacidad, en lugar de comer hasta sentirse completamente lleno. Esta práctica, arraigada en la cultura de Okinawa, una región de Japón conocida por su alta expectativa de vida y buena salud, promueve una alimentación consciente y moderada.

腹八分目
ORIGEN

Raíces en Okinawa: Esta filosofía alimentaria se originó en la isla de Okinawa, donde los habitantes llevan una vida saludable y longeva.

Conexión con el Confucionismo: Se dice que el concepto está influenciado por las enseñanzas de Confucio, quien promovía la moderación en todos los aspectos de la vida, incluida la alimentación.

Más que una dieta: Hara Hachi Bu va más allá de una simple dieta. Es una filosofía de vida que fomenta la conexión con la comida, la atención plena y el respeto por el cuerpo.

腹八分目
PRINCIPIOS FUNDAMENTALES

Concepto Base:
Origen y significado histórico
Principio del 80% de saciedad
Fundamentos fisiológicos
Beneficios para la salud

Aspectos Científicos:
Señales de saciedad
Metabolismo y digestión
Impacto en la longevidad
Efectos en el peso corporal

Mentalidad y Actitud:
Consciencia alimentaria
Respeto por la comida
Conexión mente-cuerpo
Práctica de la gratitud

腹八分目
IMPLEMENTACIÓN DEL HARA HACHI BU

Come despacio: Mastica bien los alimentos y disfruta de cada bocado.

Escucha a tu cuerpo: Presta atención a las señales de hambre y saciedad.

Deja de comer cuando te sientas satisfecho al 80%: No esperes a estar completamente lleno.

Elige alimentos saludables: Prioriza alimentos frescos, no procesados y ricos en nutrientes.

Come en un ambiente tranquilo: Evita distracciones como la televisión o el teléfono mientras comes.

Comenzando la Práctica:
Evaluación de hábitos actuales
Establecimiento de baseline
Introducción gradual
Monitoreo de sensaciones

Técnicas Específicas:
Uso de platos más pequeños
Masticación consciente
Pausas entre bocados
Evaluación de saciedad

Creación de Rituales:
Preparación mindful
Ambiente tranquilo
Horarios regulares
Presentación de alimentos

腹八分目
BENEFICIOS Y ADAPTACIÓN CULTURAL

Pérdida de peso: Al comer menos, se reduce la ingesta calórica y se favorece la pérdida de peso de forma saludable.

Mejor digestión: Al dejar un espacio en el estómago, se facilita la digestión y se reduce la sensación de pesadez.

Reducción del riesgo de enfermedades: Se ha asociado con una menor incidencia de enfermedades crónicas como la diabetes, enfermedades cardiovasculares y algunos tipos de cáncer.

Mayor longevidad: Los habitantes de Okinawa, que practican Hara Hachi Bu, son conocidos por su larga vida y buena salud.

Mayor conciencia corporal: Al prestar atención a las señales de hambre y saciedad, se desarrolla una mayor conciencia del cuerpo y sus necesidades.

Beneficios Físicos:
Control de peso natural
Mejora digestiva
Niveles de energía estables
Longevidad aumentada

Beneficios Psicológicos:
Reducción de ansiedad alimentaria
Mayor satisfacción
Mejor relación con la comida
Control de impulsos

Adaptación al Estilo de Vida Moderno:
Comidas sociales
Eventos especiales
Calendario laboral
Situaciones de estrés

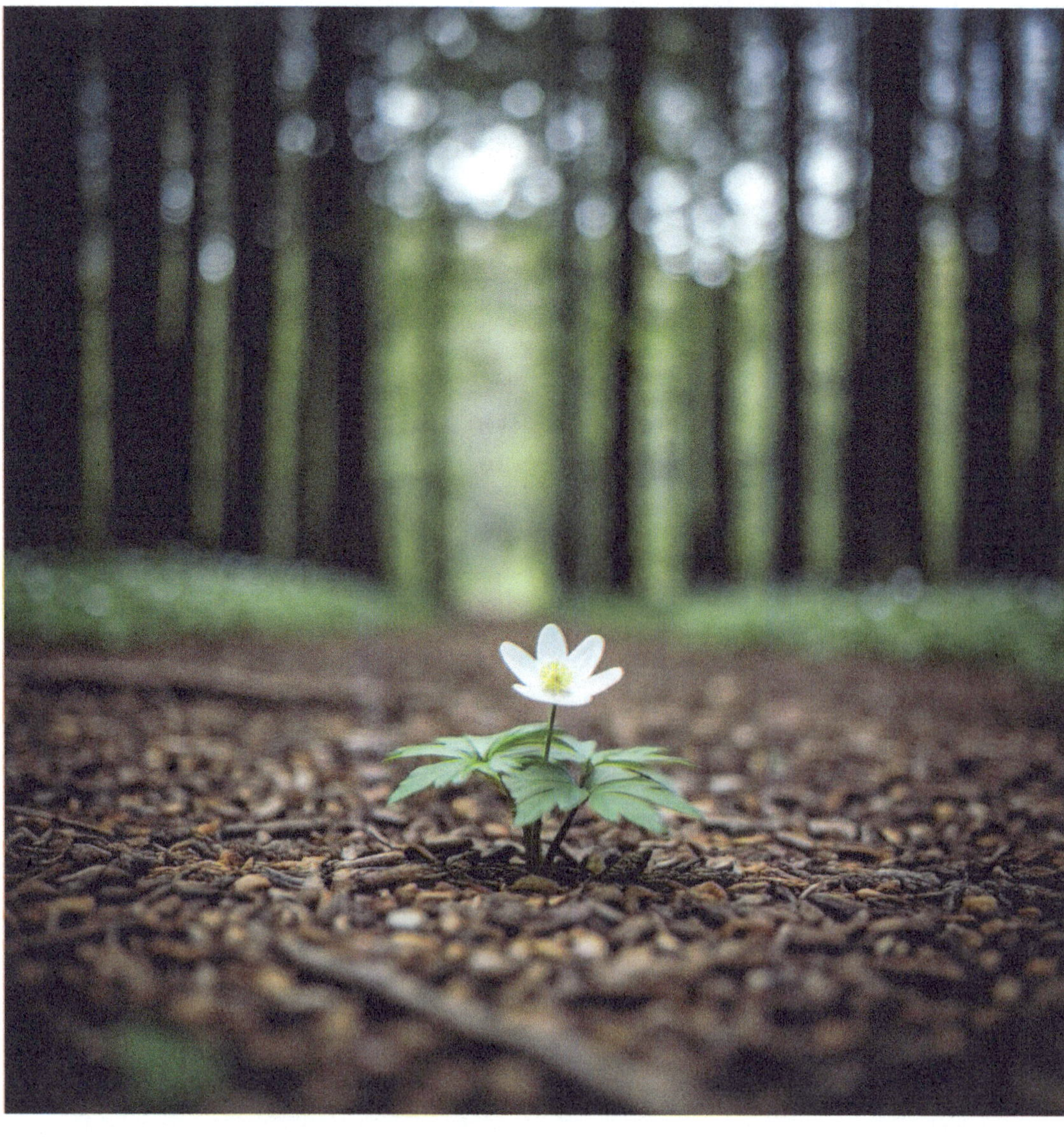

5

初心者

SHOSHIN - LA MENTE DEL PRINCIPIANTE

Shoshinsha (初心者) es un término que en español podemos traducir como "principiante" o "novato". Sin embargo, va mucho más allá de una simple etiqueta. En la cultura japonesa, especialmente en el budismo zen y las artes marciales, Shoshinsha representa una actitud, una forma de abordar el aprendizaje y la vida.

¿Qué significa realmente Shoshinsha?

Literalmente, Shoshinsha se compone de dos kanji:

初 (Sho): Significa "primero", "inicial" o "principio".

心 (Shin): Significa "corazón" o "mente".

Juntos, expresan la idea de una "mente de principiante" o un "corazón principiante".

初心者
ESENCIA

Humildad: Un Shoshinsha reconoce que siempre hay algo nuevo que aprender y que no importa cuánto sepa, siempre habrá más por descubrir.

Apertura: Mantiene una mente abierta y receptiva a nuevas ideas y experiencias.

Entusiasmo: Aborda el aprendizaje con entusiasmo y curiosidad, como si fuera la primera vez.

Ausencia de prejuicios: Deja de lado las preconcepciones y se enfoca en el momento presente.

Respeto: Muestra respeto por el proceso de aprendizaje y por aquellos que comparten su conocimiento.

Aprendizaje continuo: Al mantener una mente de principiante, estamos constantemente abiertos a nuevas formas de ver las cosas y a mejorar nuestras habilidades.

Superación de obstáculos: La humildad de un Shoshinsha nos permite enfrentar los desafíos con una actitud positiva y buscar soluciones creativas.

Conexión con los demás: Al reconocer que todos estamos aprendiendo, podemos establecer conexiones más profundas con otras personas.

Mayor satisfacción: Al disfrutar del proceso de aprendizaje, encontramos más satisfacción en nuestras vidas.

初心者
SHOSHINSHA EN LA PRACTICA

Artes marciales: En disciplinas como el karate o el judo, los practicantes, sin importar su nivel, se consideran Shoshinsha.

Meditación: En la meditación zen, se fomenta la práctica de Shoshinsha para cultivar la atención plena y la conciencia del momento presente.

Cualquier área de aprendizaje: Podemos aplicar Shoshinsha a cualquier actividad, desde aprender un nuevo idioma hasta dominar una habilidad profesional.

初心者
CULTIVANDO SHOSHIN EN LA VIDA DIARIA

Prácticas y Ejercicios:

Desarrollo de la Observación:
Ejercicios de percepción
Notación de detalles
Suspensión de juicios
Práctica de asombro

Técnicas de Aprendizaje:
Cuestionamiento constante
Experimentación activa
Documentación de descubrimientos
Reflexión sistemática

Hábitos Mentales:
Eliminación de presunciones
Cultivo de la curiosidad
Práctica de la humildad
Apertura a nuevas perspectivas

初心者
APLICACIONES PRÁCTICAS DEL SHOSHIN

Contextos de Implementación:

Entorno Profesional:
Innovación y creatividad
Resolución de problemas
Relaciones laborales
Adaptación al cambio
Desarrollo Personal:
Aprendizaje continuo
Crecimiento emocional
Relaciones interpersonales
Autoconocimiento
Vida Cotidiana:
Rutinas diarias
Interacciones sociales
Actividades recreativas
Momentos de reflexión
PÁGINA 24 (CAPÍTULO 7 - PARTE 1)

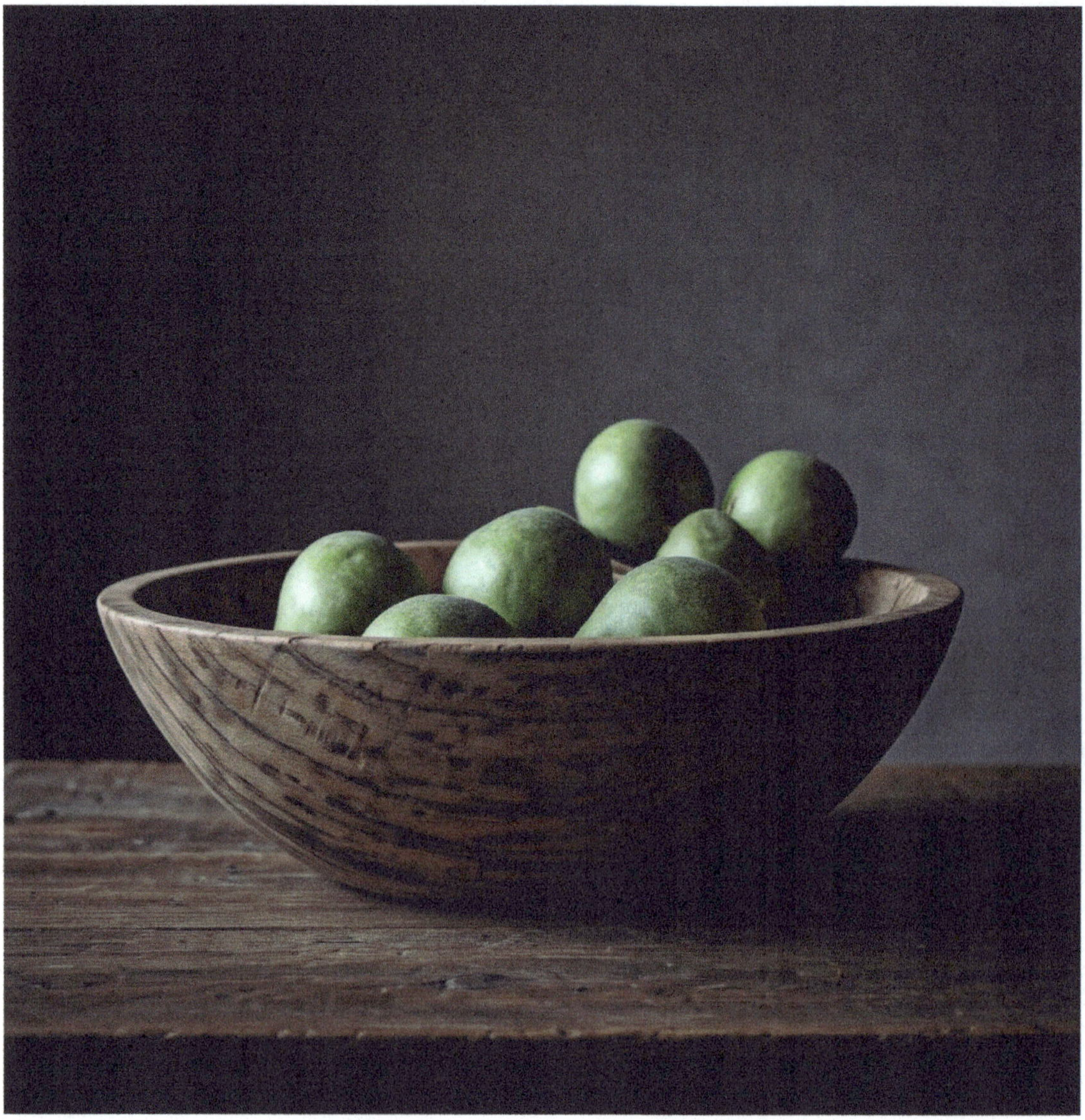

6

わびさび

WABI-SABI: LA BELLEZA DE LA IMPERFECCIÓN

El wabi-sabi es un concepto estético japonés que celebra la belleza de lo imperfecto, lo impermanente y lo incompleto. Es una filosofía que encuentra belleza en las cosas simples, en la naturaleza y en el paso del tiempo.

わびさび

FUNDAMENTOS

Imperfección: La belleza se encuentra en lo que no es perfecto, en las pequeñas imperfecciones y asimetrías.

Impermanencia: Nada es eterno. La belleza reside en la naturaleza transitoria de todas las cosas.

Incompletitud: La sensación de que siempre hay algo más por descubrir o experimentar.

Simplicidad: La belleza se encuentra en la sencillez y la austeridad.

Naturalidad: La naturaleza es la fuente de inspiración para el wabi-sabi, con su belleza imperfecta y cambiante.

わびさび
INTEGRANDO WABI-SABI EN LA VIDA

Aplicaciones Prácticas:

En el Hogar:
Diseño y decoración
Organización de espacios
Selección de objetos
Mantenimiento consciente

En las Relaciones:
Aceptación de diferencias
Valoración de la autenticidad
Cultivo de conexiones genuinas
Comunicación honesta

En el Desarrollo Personal:
Autoaceptación
Gestión de expectativas
Proceso sobre perfección
Crecimiento orgánico

わびさび
WABI-SABI EN LA ERA MODERNA

Relevancia Contemporánea:

Antídoto al Perfeccionismo:
Balance con la tecnología
Resistencia al consumismo
Valoración de lo artesanal
Conexión con lo natural

Beneficios Psicológicos:
Reducción del estrés
Aumento de la satisfacción
Mejor autoestima
Mayor resiliencia
Sostenibilidad y Consciencia:

Consumo responsable
Apreciación de recursos
Reducción de desperdicios
Vida más significativa

NOTAS PERSONALES

NOTAS PERSONALES

NOTAS PERSONALES

Made in United States
Orlando, FL
27 January 2025